FESTES DIVERSES.

pendant le carnaval de 1679.

Mercure galant, Mars 1679.

MERCVRE GALANT

MARS 1679.

VOUS vous en souvenez, Madame. Ma derniere Lettre contient de si longues descriptions de ce qui se passa chez Monsieur le Prince de Strasbourg, le jour de la Mascarade de Monseigneur le Dauphin, & des magnificences du grand Bal qui se donna chez le Roy le Mardy-gras, qu'elles ne me laisserent point le temps de vous entretenir alors des autres réjoüissances du Carnaval. C'est ce qui m'oblige à vous parler aujourd'huy non pas de toutes, mais au moins de quelques-unes. Quoy que la saison en soit passée, il n'est jamais trop tard d'aprendre ce qu'on ne sçait point, & ce qu'on ignore est toûjours nouveau. A voir les Personnes les plus qualifiées de la Cour, & tout ce qu'il y a de beau monde à Paris chez Mr de Strasbourg, le jour de la Feste dont je vous ay appris les circonstances, on auroit crû inutile d'aller chercher d'autres Assemblées. Cependant il y avoit Bal ce mesme jour chez Mr de Pommereüil Capitaine aux Gardes, & la foule des Gens de la premiere qualité y fut tres-grande. La Salle estoit magnifiquement ornée, &

les Dames en fort grand nombre. Je ne vous dis rien des Violons, il y en a peu de meilleurs en France. Vous ſçavez qu'on les eſtime, & que le Roy ne dédaigne pas quelquefois de s'en ſervir en Campagne. Le Dimanche gras, il y eut un concours extraordinaire de monde aux Gobelins chez M^r le Brun. Pluſieurs Ducs & Pairs, Maréchaux de France, & autres Perſonnes du premier rang, honorerent cette Aſſemblée de leur preſence. Elle fut tres-agreablement divertie, & l'on y dança un Balet de l'invention & de la composition du Sr de Beauchamp. La Paix en avoit fourny le sujet. La Musique, la Dance, & le reste des Arts, venoient rendre hommage à la Peinture, & se réjoüir de l'occupation que luy alloit donner, aussi bien qu'à elles, le calme qu'on voyoit prest à se répandre par tout. Les Plaisirs ne se sont pas renfermez entierement à Paris. Ils ont esté plus loin, & le voisinage de S. Germain a communiqué l'uſage de la galanterie à Poiſſy. Ce que j'ay à vous en dire en eſt une preuve. Quoy qu'il ne s'agiſſe que d'un divertiſſement particulier, il n'en merite pas moins la curioſité que vous avez pour tout ce qui vous eſt inconnu. Si je ne vous apprenois que ce que font les Roys & les Princes, je ſerois toûjours prévenu par la voix publique, & je n'aurois jamais que l'avantage de vous inſtruire de quelques circonſtances, qui ſont fort rarement ſçeuës, où qui ne le ſont que confuſement. Il eſt des divertiſſemens où l'eſprit, l'invention, & la galanterie, tiennent lieu d'une exceſſive dépenſe, & que ces trois choſes rendent auſſi agreables que cette éclatante magnificence où tout le monde ne ſçauroit atteindre. Tel a eſté celuy de Poiſſy. Vous en trouverez les particularitez dans cette Lettre.

A MADEMOISELLE D. R***

A Pontoise le 16. Fevr. 1679.

IL ne se peut rien de mieux concerté, charmante Iris, que la Mascarade que vous avez faite en cette Ville. Les Personnes de l'un & de l'autre Sexe qui la composoient, ont fait remarquer un si bon air dans la Dance, & tant d'agrément dans leurs manieres, qu'elles se sont attiré l'admiration de tous ceux qui ont eu le bonheur de les recevoir.

On ne doit point s'en étõner;
Ce que vous voulez ordonner,
S'execute toûjours de la belle
maniere.
Vos regards reglent tous les pas,
Et vostre voix fournit une juste
carriere
A ceux qui sans vos soins ne la
trouveroient pas.

Vous jugez bien, belle Iris, où je veux aller. De bonne-foy l'on vous doit tout le succés de cette agreable Mascarade. Elle est le fruit d'un moment de vostre application, & il vous est si naturel d'en lier de ſemblables par tout où vous vous rencontrez, qu'on doit ſe faire un ſenſible plaiſir d'eſtre témoin de ces galantes Metamorphoſes.

Oüy, l'on doit deſirer pour avoir
de beaux jours,
D'entrer dans toutes vos Parties,
Elles ſont ſi bien aſſorties,
Que je les croy l'ouvrage des
Amours.

Vous ne me connuſtes pas Mardy dernier, quand je vous dis là deſſus tout ce que ie penſois chez Mr G. ſous le nom de l'Inconnu masqué. Vous sçavez que l'avantage que j'eus d'y passer deux ou trois heures à vos pieds, me fit des jaloux. Il ne tint pas à moy que vous n'entendissiez des veritez tres-essentielles, mais toute vostre curiosité se borna à vouloir apprendre quels ont esté les Divertissemens de Poissy. Vous me chargeastes du soin de vous en envoyer la Relation. Ie m'en acquite.

Le Jeudy gras un Officier des Gardes du Corps donna le Bal aux Belles du Lieu que je viens de vous nommer. J'y allay avec Mrs les Chevaliers de Maſſigny & de Berthenonville, qui ne contribuerent pas peu aux plaiſirs de l'Aſſemblée. On paſſa toute la nuit à dancer, & le jour avoit paru avant qu'on ſe ſeparaſt. Le Dimanche ſuivant il y eut Comédie chez Mr de Montaigu. Le Theatre eſtoit dreſſé dans une Salle magnifique, & on avoit fait venir des Fluſtes, des Hautbois, & des Violons de Saint Germain, pour joüer entre les Actes. Cinna, le chef-

d'œuvre de toutes les Pieces de Theatre, fut representé. Trois belles Personnes faisoient Livie, Æmilie, & Fulvie. Des Officiers des Gardes avoient étudié les Rôles d'Auguste, de Cinna, & de Maxime, & ils s'estoient si bien concertez, qu'une veritable Troupe de Comédiens auroit eu peine à mieux réüssir. Cette Représentation fut suivie d'un applaudissement general. Mr le Chevalier de Massigny en fit des congratulations particulieres aux trois aimables

Actrices, & leur proposa le Bal pour le soir. Elles l'accepterent chez l'une d'elles. Toutes les Belles de Poissy y vinrent masquées. Apres qu'on eut dancé quelque temps, on commença de faire place à un Oublieux, qui s'attira les regards de tout ce qu'il y avoit de Gens dans la Salle. La propreté de son Corbillon faisoit connoistre que ce n'estoit pas un Oublieux du commun. Ses poches estoient garnies de Limons & de Citrons doux, & il avoit une Ceinture de Bou-

teilles de Vin Muscat, de Vin d'Espagne, & de Vin de Canarie. Il auroit bien voulu faire une Entrée en cet état, mais le fracas estoit trop à craindre, & d'ailleurs les Belles avoient plus d'envie de joüer le Corbillon, que de voir dancer l'Oublieux. Il s'approcha d'une Table, & leur presenta trois Dez de Sucre candy dans un Limon confit, qui tenoit lieu de Cornet. Vous jugez bien qu'on ne s'en servit pas longtemps sans vuider le Corbillon. Il estoit remply de Biscuits, de

Macarons, & de Maſſepain. Les Bouteilles ſuivirent, apres leſquelles ce fut aux Limons & aux Citrons à défiler. Ils ſortirent auſſitoſt des poches de l'Oublieux, & paſſerent dans les mains des Belles. Vn Billet attaché ſur chacun des trois premiers, fit connoiſtre qu'on les avoit deſtinez aux trois aimables Actrices. Voicy ce que contenoient les Billets.

POUR MADEMOISELLE R.

JE viens icy, belle Livie,
Chercher aupres de vous les
Jeux & les Plaiſirs.

Si vous secondez mes desirs,
Mon sort sera digne d'envie.

POUR MADEMOISELLE I.

ÆMilie est l'objet de mes transports ardens,
Ma peau fait voir ce que je sens pour elle.
Cependant je crains que la Belle
Ne me déchire à belles dents.

POUR MADEMOISELLE B.

JE suis, agreable Fulvie,
Le plus charmant Limon que vous verrez jamais.
J'ay de la douceur, des attraits,
J'ay la peau bien faite & polie,
Je suis un mets délicieux,

J'entre daus le Nectar des
Dieux,
Je me donne à qui me carresse;
Et ce qui doit me rendre cher,
C'est que je me fais écorcher
Pour marquer ma délicatesse.

Les Limons & les Citrons qui restoient, furent distribuez à toute la Compagnie, qui pressa tellement l'Oublieux de se démasquer, qu'il fut enfin contraint de ceder aux empressemens des Belles. C'estoit Mr le Chevalier de Berthenonville. Il soûtint la plaisanterie qu'il avoit faite par mille agreables choses qu'il leur dit. On continua le

Bal, qui fut de nouveau interrompu deux heures apres par l'entrée d'un Vendeur d'Eau de vie, qui parut dans un équipage des plus grotesques. Il avoit des Bas bleus, une Culote rouge, un Juste-au-corps de Bufle, & un Bonnet à la Dragonnete. Il portoit une Mane remplie d'Amandes d'Espagne, d'Anis de Verdun, d'Oranges de Portugal, & de Bouteilles d'Hypocras & de Rossoly de Turin. La Mane estoit couverte d'une Ialousie de soye pour empescher les larcins, & il falut la lever pour juger ſi cette ſeconde galanterie valoit celle de l'Oublieux. Ces Vers furent trouvez pour Inſcription à l'ouverture de la Mane.

Cette Liqueur eſt pour les Belles.
Elles pourront trouver de la douceur chez moy.
Je vous le dis de bonne-foy,
La Liqueur que je porte eſt fort propre pour elles.

Il n'en falut pas davantage pour expliquer aux Belles ce qu'elles avoient à faire. Le Vendeur d'Eau de vie leur preſenta des Vaſes de

Glace de diférentes figures, & les remplit d'Hypocras & de Rossoly. L'Anis de Verdun, les Amandes d'Espagne, & les Oranges de Portugal, furent en suite abandonnées au pillage. Il y eut un peu de confusion, puis que les Oranges qui estoient marquées pour les Actrices, ne tomberent pas d'abord entre les mains de celles à qui elles s'adressoient. Ce desordre fut incontinent reparé. Chacune eut la sienne, accompagnée d'un Billet. Les Vers qui suivent y furent leûs.

POUR L'AIMABLE LIVIE.

ON doit peu me porter
envie
De me voir si bien avec vous.
C'est pour me déchirer, trop
cruelle Livie,
Que vous me faites les yeux
doux.

POUR LA BELLE ÆMILIE.

S'Exposer à la mort pour venir vous chercher,
C'est tout ce que j'ay fait, ce
que je fais encore.
Chere Æmilie, helas! j'aime, je
vous adore,
Cependant vous voulez me per-
dre & m'écorcher.

Hé bien, passez-en vostre envie,
Je trouveray chez vous une plus douce vie.

POUR LA CHARMANTE FULVIE.

QUãd on est belle comme un Ange,
Quand on a l'esprit fin, les yeux brillans & doux,
On peut en dépit des Jaloux
Prétendre à la Pomme d ange,
Fulvie, & ce présent n'est destiné qu'à vous.

Le Vendeur d'Eau de vie disparut pendant que la Compagnie examinoit ses Billets.

On s'apperçeut un peu tard qu'il n'estoit plus dans la Salle. On le chercha, on courut apres luy, mais fort inutilement. Il avoit sçeu d'un Cavalier que vous estiez à Herouville, & que vous y deviez passer le reste du Carnaval. Il prit le party de vous y aller chercher. Vous n'y estiez plus. Vostre aimable Troupe faisoit une Mascarade chez Mr de Vierset Gouverneur de Pontoise. Il y alla, & eut l'avantage de vous parler. C'est un plaisir dont la confusion des Masques

ne

ne le laissa joüir qu'un moment. Le Bal que Mr G. donna Mardy dernier, luy fournit une occasion plus favorable de vous expliquer ses sentimens. Il passa auprès de vous quelques heures qui luy firent des envieux. Vous ne le reconnustes point, & il est bon de vous dire que l'Inconnu masqué de ce jour-là, & le Vendeur d'Eau de vie du Bal de Poissy, ne sont autre chose que vostre, &c.

FREDIN.

Pendant qu'on s'est diverty

ſi agreablement à Poiſſy, il ne faut point douter que les Aſſemblées qui ſe ſont faites dans les autres Villes, n'ayent produit des avantures de toute eſpece. Ce qui eſt arrivé à Morlaix en Baſſe Bretagne, eſt fort ſingulier. Voicy ce qu'on m'en écrit. Une des jolies Femmes de la Ville, ayant la taille petite, mais dégagée, & le viſage auſſi beau, que l'eſprit aiſé & inſinuant, donnoit à joüer chez elle un des derniers jours du Carnaval. Sa douceur qui luy gagne tous les cœurs, luy attirant ordinairement plus de visites qu'elle n'en vouloit recevoir, il ne faut pas s'étonner si elle eut ce jour-là une Assemblée fort nombreuse. Elle ne manquoit pas de Protestans, qui tous attendoient, pour luy faire leur déclaration en forme, qu'on eust des nouvelles asseurées de la mort de son Mary. Il s'estoit embarqué il y avoit déja plusieurs années, & le silence qu'il avoit gardé depuis son départ faisoit présumer qu'il avoit péry. Cependant la Dame obſervoit beaucoup de régularité dans ſa conduite, & il ne luy faloit pas moins que les Privileges du Carnaval, pour l'autoriſer à faire chez elle une Aſſemblée pareille à celle dont je vous parle. On venoit de deſſervir une grande Collation qu'elle avoit donnée apres trois heures de Jeu, quand on vit entrer un Maſque qui luy preſenta un Momon. Il avoit trouvé la porte ouverte, & ne s'eſtoit point mis en peine de faire demander ſi on le voudroit recevoir. Sa brusque entrée n'étonna personne. La saison permettoit ces sortes de libertez, & dans les petites Villes on est bien venu par tout avec le masque. La Dame reçeut le Momon, & le gagna. Le Masque la pria d'en joüer un autre qu'il perdit encor. La mesme chose luy estant arrivée cinq ou six fois, parce qu'il broüilloit les Dez avec tant de promptitude, que quand ils tournoient favorablement pour luy, il sembloit ne s'en pas apercevoir, d'autres voulurent joüer à leur tour, mais ils n'y trouverent pas leur compte. Le Masque gagna, & ne perdit que contre la Dame qu'il engagea de nouveau au jeu. La gayeté avec laquelle il soûtint la perte qu'il continua de faire contre elle, ne laissa aucun doute qu'elle ne fust volontaire. On s'en expliqua tout haut. Il l'entendit, & prenant un ton diférent de celuy dont il s'estoit servy jusqu'alors, il déclara qu'il estoit le Maistre des Richeſſes, qu'il ne les aimoit que pour en faire part à la Dame, & qu'il ne diſoit rien qu'il ne s'ofriſt à juſtifier par les effets. En meſme temps il découvrit pluſieurs Bources toutes pleines de Pieces d'or, qu'il demanda à joüer en un ſeul Momon, contre tout ce que la Maiſtreſſe du Logis voudroit hazarder. La Dame embaraſſée de cette declaration, renonça au jeu. On examina le Maſque avec plus d'atétion; & une Femme de la compagnie, que l'âge & beaucoup de tempérament rendoient sujete à se faire des réalitez de ses visions, l'ayant regardé depuis la teste jusqu'aux pieds, devint pasle, tremblante, & tellement éperduë, qu'elle demeura quelque temps sans pouvoir parler. La parole luy estant revenuë, elle dit tout bas à sa Voisine, qu'il n'y avoit point à douter que le Masque ne fust le Diable; qu'il l'avoit marqué en déclarant qu'il estoit le Maistre des Richesses, & que si elle y vouloit prendre garde, elle luy trouveroit des grifes au lieu de pieds. Le Diable masqué avoit pris une chaussure bizarre qui convenoit en quelque maniere avec ce que les Peintres ont accoustumé de nous representer du Démon, & c'estoit là-dessus que la credule Visionnaire avoit appuyé son jugement. Ce qu'elle dit passa en un moment d'oreille en oreille. Apparemment elle trouva des foibles comme elle, puis qu'on proposa d'appeller du secours pour l'Exorcisme. Ce mot fit connoistre au Masque ce qu'on s'estoit figuré de luy. Il commença tout de bon à faire le Diable, parla plusieurs Langues dont quelques-unes estoient inconnuës, & apres quelques raisons expliquées sur ce qui l'avoit obligé de quiter l'Enfer, il ajoûta qu'il venoit particulierement demander une Personne de la Compagnie, qui s'estoit donnée à luy, protesta qu'elle luy apartenoit, & qu'il ne desampareroit point qu'il ne l'euſt, quelques obſtacles qu'on y apportaſt. Chacun regarda la Dame. Ces menaces ſembloient s'adreſſer à elle, & le Maſque les avoit prononcées d'une voix creuſe qui embaraſſoit les moins ſuſceptibles de frayeur. Les uns ſe taiſoient, les autres ſe parloient bas, & celle qui avoit donné ouverture à la diablerie, crioit continuellement à l'Exorciſme. L'hiſtoire porte que ſans conſulter perſonne, elle fit venir des Gens d'un caractere à faire fuir les Démons; que le Diable prétendu leur répondit fort pertinemment, & qu'apres s'estre diverty quelque temps de leurs zelées conjurations, il leva le masque, ce qui finit l'avanture par un fort grand cry que fit la Dame. C'estoit son Mary qui avoit passé d'Espagne au Pérou. Il s'y estoit enrichy, & revenoit chargé de trésors. En arrivant il avoit appris que sa Femme régaloit ses plus particulieres Amies. C'estoit un des derniers jours du Carnaval. Cette saison favorable aux deguiſemens, luy fit naiſtre l'envie de voir la Feſte ſans eſtre connu, & il avoit pris pour cela le plus groteſque habit qu'il euſt pû trouver. Toute l'Aſſemblée luy fit compliment, & comme il n'eſtoit pas ſi diable qu'on l'avoit crû, on luy abandonna la Dame qu'il venoit chercher, & qu'il avoit dit ſi hautement qui s'eſtoit donnée à luy.

J'adjoûte à cette Avanture une galanterie du Carnaval. Un Amant fit faire un Habit de Maſque par le Tailleur de sa Maistresse, sans qu'elle en sçeust rien. Il l'ordonna aussi magnifique que galant, & quand il fut fait, il proposa de courir le Bal sur le champ en équipage assez propre pour se faire remarquer. La Belle s'en excusa sur ce qu'elle n'avoit point d'Habit. Le Cavalier dit qu'il n'avoit qu'à en emprunter un à Mademoiselle de Chammeslé. En mesme temps il écrivit un Billet, & envoya son Laquais qui avoit le mot. La Belle le railla de ſa confiance, ſouſtint qu'il auroit la honte d'eſtre refuſé, ou que s'il ne l'eſtoit pas, comme un habit propre ne ſe doit jamais demander pour courir le Bal, on luy en envoyeroit un ſi vilain, qu'elle luy déclaroit d'avance qu'il la prieroit inutilement de s'en ſervir. Le Cavalier luy promit de la laiſſer dans une entiere liberté de rompre ou d'éxecuter la partie, ſi elle ne pouvoit s'accommoder de ce qu'il avoit envoyé chercher. Le Laquais revint, &

apporta l'Habit que ſon Maiſtre avoit fait faire par le Tailleur. La Belle en admira la beauté, & fut fort ſurpriſe de le trouver auſſi juſte que s'il avoit eſté fait pour elle. Vous jugez bien qu'elle loüa plus d'une fois l'honneſteté de l'obligeante Prétieuſe. Elle crût y devoir répondre en prenant des ſoins extraordinaires de ne point gaſter l'Habit. Elle y réüſſit, & eſtant contente de ſa propreté, elle le renvoya le lendemain à Mademoiſelle de Chammeſlé, avec de [illegible]ds remercîmens en son nom, du plaisir qu'elle avoit bien voulu luy faire. Mademoiselle de Chammeslé qui ne sçavoit ce qu'on luy vouloit dire, répondit qu'on se méprenoit, & qu'elle n'avoit presté aucun Habit. Ainsi celuy de la Mascarade fut reporté à la Belle, à qui il fut inutile de le vouloir rendre au Cavalier. Il le refusa autant de fois qu'il fut apporté chez luy, & la Belle a esté contrainte de le garder.

Mars 1679.

www.ingramcontent.com/pod-product-compliance
Lightning Source LLC
LaVergne TN
LVHW050217180726
843501LV00013BA/2042

* 9 7 8 2 3 2 9 6 5 6 3 6 6 *